Petit manuel à destination des organisateurs de manifestations autour du livre maçonnique...

Jiri Pragman

Edition : BoD – Books on Demand
12/14 rond-point des Champs-Elysées, 75008 Paris
Impression : BoD – Books on Demand,
Norderstedt, Allemagne

ISBN 9782322146109

Dépôt légal : juillet 2018

TABLE DES MATIÈRES

PRÉAMBULE

Organiser une manifestation autour du livre maçonnique : est-ce compliqué ? Oui et non.

Oui parce qu'il faut tenir compte de très nombreux éléments pour mettre sur pied une telle manifestation et qu'il suffit parfois d'un petit couac pour créer une mauvaise impression. Oui parce que l'expérience montre que certaines initiatives n'ont pu se poursuivre.

Non parce qu'il est possible d'observer des manifestations du genre et en tirer des enseignements. Non dans la mesure où il est relativement facile de lister les points importants dans l'organisation d'un tel salon, d'établir des listes de tâches, des échéanciers afin de vérifier l'avancement de l'organisation du colloque.

L'auteur a lui-même, depuis une trentaine d'années, organisé des colloques, séminaires, rencontres et autres tables rondes, y compris au niveau européen, qu'il s'agisse d'initiatives associatives ou publiques. Il a participé à des salons du livre maçonnique comme simple auteur, comme intervenant, modérateur et a lui-même organisé les trois premières éditions de Masonica, la journée du livre maçonnique de Bruxelles.

AVANT LA MANIFESTATION

La motivation

Mais pourquoi organiser un "salon" ou toute autre manifestation autour du "livre maçonnique" alors que l'initiative peut s'avérer coûteuse ou peu "rentable" eu égard à la mobilisation en personnes et en énergies ?

S'agit-il simplement de réunir du monde tel jour à tel endroit (et le nombre de participants sera alors un indicateur) ? Ou veut-on plus à savoir qu'ils reçoivent une information, qu'ils échangent et même qu'ils achètent...?

Les motivations peuvent être variées :

- mettre en avant l'organisateur lui-même
- mettre en avant l'édition maçonnique (livres et revues, auteurs, éditeurs,...) et permettre une rencontre entre les lecteurs et les auteurs ou entre les acheteurs et les vendeurs
- mettre en avant la (ou les) franc-maçonnerie(s), voire recruter, diversifier les candidatures (et même les rajeunir)
- récolter des fonds par exemple susceptibles d'être affectés à des philanthropiques ou aux actions de solidarité.

Le sujet

Le sujet déclaré est souvent le livre maçonnique, encore que, dans de nombreux cas, ce soit le salon qui soit déclaré maçonnique. Ces "salons maçonniques" peuvent donc traiter du livre ou de la culture d'une manière plus large.

Un salon peut aussi utiliser un thème général d'année qui peut recouvrir plusieurs sous-thèmes, éventuellement déclinés lors de moments (demi-journées, journées) différents.

Choisir plusieurs thèmes pour une journée élargit peut-être la palette des publics potentiels mais amènera un public qui ne sera présent que pour une partie de la manifestation.

Dans certains cas, le livre maçonnique n'est pas toujours au coeur des préoccupations avec une place importante réservée à des "non auteurs" (Grands Maîtres et autres représentants d'obédiences maçonniques".

Le livre maçonnique

Un marché de niche

Le marché du livre "maçonnique" est considéré comme un marché de niche, même si tous les livres sur la franc-maçonnerie ne sont pas destinés aux seuls maçons. Certains auteurs ont les honneurs de collections de type *Que sais-je?*, *3 minutes pour comprendre*, *pour les nuls*,... qui vulgarisent l'information et s'adressent davantage aux profanes alors que certains ouvrages sont réservés à des publics particuliers par exemple intéressés par un rite et son histoire, par tel "haut" grade,...

Ce sont quand même plus de trois mille ouvrages en français consacrés à la maçonnerie qui sont proposés par Amazon.fr (ils ne sont cependant pas nécessairement réellement disponibles). Ces livres, y compris des ouvrages antimaçonniques, sont classés dans une rubrique "Franc-maçonnerie et compagnonnage", elle-même, placée dans le rayon "Religions et Spiritualités" (auparavant dans "Esotérisme et paranormal"..

Tous les livres maçonniques ne sont pas nécessairement accessibles aussi facilement. Il en va ainsi de certains ouvrages publiés à l'occasion d'anniversaires de loge et réservés aux membres, des manuels d'instruction maçonnique du Fonds Marcel Hofmans[1], des *Acta Macionica* de la loge d'étude Ars Macionica de la Grande Loge Régulière de Belgique,...

---

[1] www.fondsmarcelhofmans.com

La production annuelle de livres autour de la franc-maçonnerie est apparemment assez limitée (quelques dizaines de publications chaque année avec une vingtaine de titres dans des maisons d'édition comme la parisienne Dervy[2]). Pour 2015, le site de la BnF mentionnait dans sa bibliographie nationale 90 ouvrages. Ce type de relevé ne comprend cependant pas les romans policiers ou les BD maçonniques, des genres où les chiffres de vente peuvent s'envoler. Faut-il rappeler le succès de la série BD *Le Triangle secret* de Didier Convard ou des enquêtes du commissaire franc-maçon Antoine Marcas[3] du duo Eric Giacometti (profane) et Jacques Ravenne (franc-maçon) lesquels ont suscité des émules[4]?

---

[2] A côté de cette maison crée en 1946 et cédée à Trédaniel, ou de Detrad (au départ libraire et fabricant de décors maçonniques) apparaissent des éditeurs dont la première préoccupation est parfois de publier l'oeuvre de leur fondateur.

[3] Cette série est publiée dans 18 pays. En France, 2,5 millions d'exemplaires ont été vendus.

[4] Le polar maçonnique est désormais un sous-genre bien établi du polar ésotérique lequel a été étudié par Lauric Guillaud & Philippe Marlin dans *Le polar ésotérique. Sources, thèmes, interprétations*, Les

Le nombre de ces ouvrages maçonniques irait croissant[5] alors que le budget des acheteurs n'en va pas nécessairement de même, comme le constatent les vendeurs lors des salons maçonniques, qui témoignent de la prudence des acheteurs.

Certains libraires estiment que les maçons soit lisent beaucoup soit lisent peu, juste motivés lorsqu'ils doivent « plancher » c'est-à-dire livrer un « Morceau d'Architecture », une conférence en loge. D'où le succès de manuels pour plancheurs ou de courts livrets orientés symboles. Mais ceux-ci sont maintenant concurrencés par la mise à disposition de planches sur le web !

Mais comment choisir un livre parmi toutes ces propositions ? Ces ouvrages n'ont que très rarement les honneurs de la presse classique. Des revues d'obédiences maçonniques (réservées aux membres ou vendues publiquement comme *Humanisme* ou *La Chaîne d'Union*[6], *Points de Vue*

Éditions de l'Oeil du Sphynx, Les Études du Dr Armitage, vol. 2, 2016.

[5] L'édition numérique permet à la fois de petits tirages et l'arrivée de nouveaux éditeurs.

[6] Revues du Grand Orient de France.

Initiatiques[7]) ou autres, comme *Le Maillon* de l'éditeur Detrad[8], *Franc-maçonnerie magazine*[9] vendu également en kiosque, ou *Critica Masonica*[10] proposent des recensions. Cependant, pour faire connaître leur production, les éditeurs ont fini par trouver le chemin des blogs dits maçonniques[11] qui reproduisent leurs communiqués ou se fendent d'une véritable critique.

Comme le confiait un ancien éditeur, en France, les tirages sont, en moyenne, de deux mille exemplaires. Lorsque ils sont vendus en dix-huit mois, l'éditeur est satisfait. Mais nombre de titres n'atteignent pas ces chiffres. Le seuil de rentabilité

---

[7] Revue de la Grande Loge de France.

[8] www.detrad.com

[9] Sur abonnement ou en kiosque.

[10] criticamasonica.over-blog.com

[11] Citons Hiram.be (www.hiram.be), Bloc-notes de Jean-Laurent sur la franc-maçonnerie et les spiritualités (www.jlturbet.net), Gadlu.info (www.gadlu.info), Sous la Voûte étoilée (www.souslavouteetoilee.org), Ordo Ab Chao (ordoabchaossite.wordpress.com), 3,5,7 et plus (357.hautetfort.com), Littérature maçonnique (litteraturemaconnique.wordpress.com), L'Idéal Maçonnique (www.idealmaconnique.com)

est d'environ mille deux cents exemplaires . Très rares sont ceux qui dépassent les cinq mille exemplaires, en général sur la durée....

Une variété de genres

Cette production comprend des ouvrages consacrés à la franc-maçonnerie en général, à son histoire (dans un pays, une région, une ville), aux symboles ou à la terminologie, aux rites ou grades, à des fonctions, à des personnalités ou à la pratique maçonnique, au rapport entre franc-maçonnerie et arts (par exemple la BD comme l'oeuvre d'Hugo Pratt ou la musique, particulièrement le jazz) ou, encore, des témoignages.

Ces ouvrages peuvent peuvent être classés selon le genre (essai, dictionnaire ou encyclopédie, anthologie, manuel, guide ou mémento, (auto)biographie, roman, bande dessinée, humour, beau livre) ou en fonction du public auquel ils sont destinés : profane, apprenti, compagnon, maître, membre des "Hauts Grades" ou "Ordres de Sagesse", (futur) titulaire d'office ou charge.

Les types de manifestation

Colloque. Ce type de réunion permet d'aborder un sujet avec des spécialistes, généralement avec des opinions qui ne seraient pas identiques.

Symposium. Le terme symposium est aussi utilisé pour désigner un congrès scientifique réunissant des spécialistes et traitant d'un sujet particulier.

Conférence. Une conférence désigne souvent un exposé. Il peut aussi s'agir d'une suite d'interventions, par exemple dans le cas d'une conférence internationale thématique.

Table ronde. Une table ronde est normalement une réunion où tous les participants sont à égalité mais, dans les faits, on appelle souvent table ronde une réunion-débat entre les intervenants (voire une succession d'exposés suivie d'un échange avec le public).

Atelier. Un atelier est souvent thématique. Destiné à un nombre de participants réduit, il permet ici un apprentissage dans un laps de temps assez court.

Congrès. Un congrès est une assemblée de personnes se réunissant pour communiquer les résultats de leurs études, échanger dans des domaines spécifiques.

Séminaire. Un séminaire est une réunion de professionnels sur un sujet particulier.

Groupe de travail. Un groupe de travail est constitué de personnes qui se réunissent dans le but de mener un travail. Un groupe de travail peut se réunir à l'occasion d'un congrès, d'un colloque.

BarCamp. Selon Wikipédia, un BarCamp est une rencontre, une non-conférence (en) ouverte qui prend la forme d'ateliers-événements participatifs où le contenu est fourni par les participants qui doivent tous, à un titre ou à un autre, apporter quelque chose au Barcamp. Ces BarCamps s'appuient sur le principe *pas de spectateur, tous participants*[12].

Journée d'étude. Comme le nom l'indique, la journée d'étude s'étend sur une journée et est normalement consacrée à l'étude d'un thème.

Forum. On désigne ainsi une réunion avec débat autour d'un thème.

Certains différencient ce type d'activités en fonction du nombre d'heures ou de jours et de l'ampleur de l'activité (nombre de participants).

---

[12] Dans le même genre, on trouve des cafés maçonniques.

D'autres formules existent[13]... ou sont sans doute à inventer.

Classiquement, un **salon** autour du livre maçonnique comprend des conférences, des tables rondes, des séances de dédicaces. S'ajoutent une offre de stands et, éventuellement, des prestations "hors livre" par exemple projection de film, spectacle musical, théâtral, de danse, exposition[14].

D'autres activités peuvent être proposées comme une visite de musée maçonnique (pour autant qu'il y ait un réel partenariat) ou des visites de la ville sous un angle maçonnique.

L'inspiration

Tout organisateur de salon a grand intérêt à visiter d'autres salons parce qu'il peut y trouver l'inspiration tant en ce qui concerne l'organisation, que les thèmes abordés, les

---

[13] Speed debating à Blois.

[14] Attention cependant car les expositions de peinture, d'affiches, de photos... nécessitent un matériel de type grilles d'exposition, attaches... et une activité périphérique peut ainsi devenir exigeante.

intervenants ou, *a contrario*, il évitera ainsi les
écueils rencontrés par ses pairs.

L'organisateur ainsi en déplacement devrait être
muni de cartes de visites à délivrer à des auteurs,
à des exposants susceptibles d'être présents à sa
manifestation...

Le titre

Le titre de la manifestation peut être explicite
(Salon Maçonnique du Livre et de la Culture de
Paris, Salon Lyonnais du Livre Maçonnique, Salon
Maçonnique de Toulouse[15], Salon du Livre
Maçonnique Carcassonne[16]) ou être moins
descriptif, plus intriguant (Masonica[17], choix
bruxellois qui s'explique aussi par l'usage de trois
langues nationales en Belgique). D'autres peuvent
mettre l'accent sur la rencontre (Rendez-vous
maçonniques de Blois[18]). Certaines manifestations
ont pu mettre également sur le livre
philosophique (Salon de Cannes aujourd'hui

---

[15] salon-item-fm.over-blog.com

[16] chpm.fr

[17] www.masonica.be

[18] rendez-vous-maconniques.over-blog.com

disparu) ou sur l'ésotérisme (Imaginales Maçonniques & Esotériques à Epinal[19]).

On remarquera que, dans certains cas, c'est le salon qui est maçonnique, dans l'autres, c'est sur le livre maçonnique que l'accent est mis.

Certains titres ou sous-titres font référence au rythme de la manifestation (Biennale culturelle maçonnique de Bordeaux) ou à sa durée (Journée).

Le titre le moins conventionnel revient sans doute à la manifestation organisée à la Homand : Des Livres, des Equerres et des Tabliers.

Les thèmes

Quelques exemples de thèmes susceptibles d'être traités lors de conférences ou tables rondes :

- comment devenir franc-maçon ?
- l'histoire de la franc-maçonnerie
- les femmes en franc-maçonnerie
- la mixité en franc-maçonnerie
- franc-maçonnerie et religion
- la vulgarisation de la franc-maçonnerie
- l'édition maçonnique
- le polar ou thriller maçonnique

---

[19] imaginalemepinal.com

- le rire en maçonnerie
- les médias maçonniques
- l'extériorisation
- politique et franc-maçonnerie
- l'antimaçonnisme

Cette liste n'est évidemment pas limitative et doit aussi être complétée en examinant la production des auteurs d'ouvrages maçonniques.

L'organisateur

L'impulsion peut être donnée par une ou plusieurs loges dites organisatrices, par une association déclarée ou de fait, par exemple réunissant des représentants d'obédiences maçonniques.

L'organisation peut comprendre un comité scientifique, une équipe organisationnelle, une équipe technique, une équipe de communication

Les outils

Pour organiser une telle manifestation, il importe d'utiliser de bons outils. Le plus simple est Google Drive qui permet de stocker des fichiers, de créer des documents (Google Docs), des tableaux (Google Sheets pour le budget, le bilan financier), des formulaires (Google Forms) et autres (voir extensions pour Google Chrome) que l'on pourra partager, et d'utiliser Gmail pour centraliser le courrier.

Il faut éviter que les organisateurs s'éparpillent, rassembler l'information en lieu central et ainsi conserver une mémoire bien utile pour les éditions suivantes.

Les réunions de préparation

Il est vraisemblable que l'organisation d'un salon exige des réunions de préparation rassemblant des membres de l'une ou l'autre équipe ou leurs responsables. Ces réunions doivent faire l'objet d'un ordre du jour et, à leur issue, un procès-verbal doit reprendre les décisions ainsi que les tâches attribuées à chacun et les délais.

Pour organiser ces réunions en tenant compte des horaires et disponibilités de chacun, on peut utiliser Doodle[20] ou son équivalent libre Framadate[21]. Avec ces outils gratuits, vous donnez un nom à votre évènement, le localisez, le décrivez, choisissez des dates et heures et envoyez aux destinataires ces propositions. Il ne leur reste plus qu'à répondre et, compte tenu, de

---

[20] www.doodle.com

[21] framadate.org

ces réponses vous pourrez choisir la date et l'heure de votre réunion. Une option permet d'être le seul à pouvoir consulter les réponses. Le même outil permet d'effectuer des sondages (avec la possibilité de ne permettre le choix que d'une seule suggestion).

Le travail à partir d'un espace partagé permet de limiter le nombre de réunions.

La liaison

Dans la période qui précède la manifestation (arrivée des intervenants) jusqu'à sa fin, l'organisateur principal doit pouvoir être joint via un numéro connu des intervenants et des autres membres de l'organisation.

Les intervenants

Le comité scientifique choisira les interventions soit sur la base des travaux et de la notoriété d'intervenants potentiels soit après un appel à contributions lorsqu'il s'agit d'une manifestation à caractère scientifique. Dans ce dernier cas, le compte à rebours sera influencé puisqu'il devra démarrer plus tôt pour permettre la diffusion de l'appel à contribution et d'y répondre.

Les intervenants devraient être choisis en fonction de ce qu'ils peuvent apporter à la salle (et non pas en vertu d'un quelconque équilibre entre obédiences). Ils doivent donc avoir quelque chose à dire, à apporter, dans un langage susceptible d'être compris par le public. Il faut être capable de restituer une information en intéressant le public, en lui fournissant de quoi répondre à ses attentes, sachant qu'il existe divers publics (on peut déjà commencer par distinguer les profanes et les maçons).

Faut-il des "stars"? La présence de "grands noms" à l'affiche (par exemple des auteurs dans le domaine du thriller maçonnique) peut attirer un certain public et permettre à la manifestation (et à l'organisateur) d'être mis en évidence. Elle a évidemment une incidence budgétaire puisqu'il faudra prévoir le transport, éventuellement l'hébergement.

Sans qu'il s'agisse nécessairement de "stars", la présence d'invités étrangers peut donner une autre dimension à une manifestation et permettre à chacun de bénéficier d'une vision différente. Bien entendu, si les intervenants étrangers ne devaient pas manier la langue du pays, l'organisation se verrait confrontée à des problèmes de traduction dont le règlement peut être coûteux (à moins d'indiquer que telle partie de la manifestation se fait dans une autre langue).

Il faut normalement être attentif à ne pas inviter des personnes déjà vues souvent dans des manifestations du même type car leur discours risque d'être répétitif et elles risquent donc d'être moins attirantes pour le public visé. Bien entendu, cela n'a qu'une moindre incidence si les interventions antérieures ont eu lieu dans une autre zone que la zone de chalandage de la manifestation en train de s'organiser.

Il faut pouvoir lister les intervenants potentiels, établir des priorités dans les contacts, noter les acceptations, les refus, effectuer des relances.

Avant le salon

Ces intervenants doivent être contactés en leur fournissant l'information suffisante pour qu'ils puissent décider d'y consacrer du temps, non seulement celui de la manifestation elle-même, mais également le temps de préparation et le temps du voyage (avec incidence sur son agenda ou son état de fatigue).

Au moment du contact avec un intervenant, il faut pouvoir lui expliquer :

- qui est l'organisateur
- quelles sont ses motivations
- quelle est la forme de la manifestation
- quel est son thème

- quel devrait être le public
- quel est le nombre de participants attendus
- quelle contribution est attendue de l'intervenant
- quelle sera la durée de son intervention
- quels supports techniques sont admis/interdits
- quelles seront les prises en charge (déplacement, intervention, séjour)

Lorsque l'intervenant aura marqué son accord, il devra fournir une photo sous format numérique et un texte de présentation.

Le plan B

Il faut prévoir des solutions de rechange en cas d'imprévus tels que l'empêchement d'un intervenant (maladie, autre obligation) ou un retard (par exemple en modifiant l'ordre des interventions). En l'absence d'un intervenant, on peut soit donner plus de temps à d'autres intervenants, aux échanges entre intervenants ou avec le public soit utiliser un intervenant maison "réserviste".

Les auteurs

Classiquement, des manifestations de type salon prévoient des séances de dédicaces.

Habituellement, des conditions sont mises à la présence de ces auteurs à savoir que :

- le livre doit être "maçonnique" (que l'auteur soit maçon ou non, il doit porter sur la franc-maçonnerie; il ne suffit donc pas que l'auteur soit maçon ou véhicule des valeurs maçonniques (!) pour que l'ouvrage soit admissible)
- le livre doit être récent c'est-à-dire être paru depuis la dernière édition de la manifestation.

Il n'est pas normal que certains auteurs contrevenant à ces principes de base soient admis simplement parce qu'ils figurent parmi les organisateurs ou sont ou ont été de charges dans une obédience ou un suprême conseil. Ceci nuit à la crédibilité de la manifestation.

D'une édition à l'autre l'organisation doit suivre l'actualité du livre maçonnique en visitant les sites des éditions maçonniques, en examinant les recensions parues dans les revues ou blogs maçonniques de manière à pouvoir identifier les auteurs susceptibles d'être présents en dédicace. Leurs coordonnées peuvent être collectées (parce qu'ils sont eux-mêmes actifs sur le web ou via le service de presse de leur maison d'édition) de manière à ce qu'ils puissent ensuite être contactés soit pour être intervenants soit pour venir dédicacer leur ouvrage.

L'inscription des auteurs candidats à la dédicace devrait se faire via un formulaire d'inscription qui devrait permettre de collecter les informations utiles au libraire (livres récents et autres) et au webmestre (mini-CV, liens vers le site de l'auteur, ses pages sociales).

Qu'un auteur remplisse le formulaire d'inscription n'entraîne pas *ipso facto* son inscription au programme. L'organisation a toute liberté de refuser un auteur sans devoir justifier ce refus. Certains auteurs sont très "légers" dans leurs engagements et s'abstiennent de venir, parfois sous des prétextes futiles, parfois sans même s'excuser. Il n'est donc pas étonnant que certains organisateurs évoquent des listes noires de ces "mauvais clients" dont la venue annoncée a demandé un certain travail (fiche-auteur en ligne) et dont l'absence est gênante dans le sens où le programme s'avère inexact et où des visiteurs risquent de se retrouver devant une chaise vide.

Le public

Les salons maçonniques se présentent tous comme ouverts à tous les publics. Cependant, leur promotion qui ne prend parfois que des voies "maçonniques" ou les thèmes abordés ne les destinent pas nécessairement au grand public. Certains salons prennent cependant soin de présenter des "moments" où le profane simplement curieux ou désireux d'entamer une démarche, peut trouver des réponses aux questions qu'il se pose.

Il est difficile d'identifier la part du public maçon et celle du public profane. Une solution consiste à ce qu'un bulletin de participation à une tombola comprenne l'identité de la personne (pour pouvoir la déclarer gagnante et lui faire parvenir son prix) et l'autre des informations sur son appartenance maçonnique ou non (éventuellement obédience, orient). Bien entendu, les deux parties de ce bulletin doivent pouvoir être séparées de manière à ne pas associer une personne à sa qualité de franc-maçon ou non.

Le prix du livre

On peut décider d'octroyer au cours d'un tel un prix du livre maçonnique avec, éventuellement, plusieurs catégories. C'est un exercice délicat. A priori, il faudrait publier un règlement indiquer les conditions dans lesquelles un ouvrage peut être soumis, le faire lire par un jury qui ne pourra être suspecté de complaisance par rapport à tel auteur ou à tel éditeur. L'exercice est lourd et c'est ce qui explique sans doute que ces remises de prix sont rares (à l'exception des prix de l'Institut Maçonnique de France décernés au Salon Maçonnique du Livre de Paris et du prix Cadet Roussel attribué aux Imaginales Maçonniques et Esotériques d'Epinal).

La gestion du temps

Les dates

Pour le choix de la ou des dates de la manifestation, il faut tenir compte des vacances scolaires (en France, il faudra être attentif aux zones scolaires en fonction du public visé) tant dans le pays organisateur que dans le pays d'origine des auteurs, des autres manifestations autour du livre maçonnique ou du livre en général ou d'autres évènements comme les élections ou même des manifestations locales.

Bien entendu, il faut aussi interroger le gestionnaire du lieu pressenti quant aux possibilités d'occupation à la période visée, tenant compte du temps nécessaire pour installer/désinstaller.

Les salons autour du livre maçonnique ont généralement lieu le week-end, même si certains d'entre eux commencent le vendredi ou s'étalent sur plusieurs jours.

Les horaires

En ce qui concerne l'heure de commencement de l'activité, il faut laisser au public visé le temps d'arriver (en fonction donc de la zone de chalandise, des transports) et d'entrer dans les lieux avant que ne commencent les premiers travaux.

Pour ce qui est de l'heure de fin des travaux, il n'est pas utile de dépasser 18h (et même moins le dimanche). Des activités spécifiques peuvent cependant être organisées en soirée (il faut alors prévoir un temps pour que les personnes aient le temps de se changer).

Les délais

Il est recommandé de lancer activement l'évènement au moins six mois à l'avance de manière à pouvoir le bloquer dans l'agenda des participants potentiels (intervenants, auteurs en dédicace) et, également, parce que, dans certains cas, ils devront demander des autorisations qui peuvent nécessiter un temps de traitement.

L'échéancier

Un échéancier doit être établi sur la base d'un rétro-planning. Certaines échéances devront impérativement être respectées sous peine de mettre en péril l'organisation de l'activité ou sa promotion, par exemple la date d'envoi des publicités pour insertion dans une revue devant paraître avant l'activité. Pour d'autres échéances, on peut disposer d'un peu plus de souplesse.

Un diagramme de Gantt permet d'ordonner et de gérer un projet comme celui d'un tel salon en permettant de visualiser dans le temps les diverses tâches qui le composent.

Pour créer un diagramme de Gantt, il existe des outils payants, d'autres gratuits. Une solution simple consiste à utiliser Gantter, extension de Google Chrome compatible avec Google Drive.

La salle

Deux types d'approche : utiliser un lieu maçonnique (ensemble de temples avec salle humide) ou se tourner vers un espace profane. Quel qu'il soit, le lieu doit disposer de :

- un espace où peuvent être installées les tables des auteurs en dédicace
- une ou plusieurs librairies (à proximité)
- un espace pour les stands d'éditeurs (livres, revues)
- un espace pour les autres stands commerciaux
- un espace pour les stands d'obédiences

- des salles pour des conférences ou tables rondes susceptibles d'accueillir un public limité ou important
- un espace pour les stands
- un espace bar
- un espace restauration
- des sanitaires en suffisance

éventuellement

- un espace d'exposition
- une salle de projection
- une salle pour l'organisation ou l'accueil des intervenants

Lieu maçonnique

Le lieu maçonnique a l'avantage d'être géré par l'organisateur ou par une association qui en est proche (encore que leurs intérêts puissent diverger !). C'est normalement un lieu connu d'une grande partie du public et il présente une plus grande attractivité pour les profanes qui peuvent ainsi découvrir des lieux qui ne leur sont habituellement pas ouverts, comme pour la presse.

Certains complexes maçonniques situés hors centre-ville offrent aussi des facilités en matière de parking (mais pas nécessairement d'accès en transport en commun).

Ces lieux ne sont pas toujours assez grands. Il faut alors voir comment les agrandir via des barnums ou tonnelles (tout en garantissant la sécurité de ces zones plus "fragiles".

Lieu profane

Parmi les lieux d'accueil profanes...

- les centres de congrès
- les grands hôtels
- les centres culturels
- les institutions publiques
- les universités et écoles supérieures
- certains monuments ou musées

Il peut s'agir d'un lieu :

- en milieu urbain. Avantage : l'accès via les transports en commun. Inconvénients : dans certains cas le parking, les sollicitations extérieures
- hors ville. Avantage : moins de sollicitations extérieures. Inconvénient : l'accès aux non motorisés et via les transports en commun.

Un espace profane comme un centre de congrès peut se révéler sans... âme mais aussi mieux adapté en raison de l'existence de salles polyvalentes, d'un équipement de base (sonorisation, écran, signalétique), d'un personnel ou de partenaires pour assurer des tâches comme le vestiaire, la sécurité, la gestion du son et des lumières, la restauration,...

Lors de la visite des lieux, il est conseillé de prendre des photos qui permettront donc de mieux visualiser le cheminement des participants, les lieux de passage et de travail et de partager cette vision avec les autres personnes attachées à la préparation de la manifestation.

Il faut vérifier si l'activité est la seule à se tenir à la période prévue ou si elle devra coexister avec d'autres activités de la structure d'accueil (autres colloques ou séminaires, activité ordinaire de l'hôtel, du restaurant, de l'école,...). Dans ce cas, il faudra s'assurer qu'il ne risque pas d'y avoir des perturbations en ce qui concerne la circulation des personnes, le bruit,...

Pour trouver un lieu d'accueil ou, tout au moins, avoir une vue sur l'offre, on peut consulter les sites spécialisés dans les salons, foires et autres manifestations, les sites des offices de tourisme qui, dans certaines villes, comprennent un volet "tourisme d'affaires" ou prendre contact directement avec des lieux tels que ceux décrits plus avant.

En cas d'évènement récurrent, deux optiques s'opposent :

- conserver le même lieu. Risque : la monotonie. Avantage : la solution est éprouvée.
- changer de lieu. Risque : l'inconnu. Avantage : un effet de surprise.

La disposition

Des salles doivent être prévues pour des interventions en plénière ou des conférences ou tables rondes

Il peut donc s'agir d'une disposition en théâtre (auditoire) ou en salle de classe ou, encore, de loge maçonnique !

Lorsqu'une loge est utilisée, l'espace central peut être occupée par des chaises orientées vers l'orient pour en augmenter la capacité. Il arrive que le modérateur soit assis à la chaire du Vénérable Maître et que des intervenants occupent les plateaux du Secrétaire et de l'Orateur; dans d'autres cas, le modérateur et les intervenants sont assis à une table placée entre l'extrémité des colonnes à l'orient.

Il faut aussi pouvoir prévoir des espaces de type exposition ou permettant une présentation à travers des stands.

L'équipement

Soit on utilise le matériel de l'infrastructure d'accueil, soit il faut passer par un fournisseur, soit on utilise en tout ou en partie son propre matériel.

Par sécurité, on peut doubler le matériel. Par exemple utiliser le vidéo projecteur de la structure d'accueil mais disposer en réserve de son propre projecteur.

La sonorisation

La salle doit donc être sonorisée avec un système d'amplification, des haut-parleurs, des micros, éventuellement un régisseur son.

Pour ce qui concerne les micros, on prévoit généralement :

- des micros bureau devant les intervenants (soit l'intervenant presse un bouton-poussoir avant de prendre la parole soit le régisseur son branche le micro de l'intervenant)
- des micro-cravates pour les intervenants qui se déplaceront par exemple pour des présentations ou des exposés debout
- des micro-baladeurs utilisés par exemple pour donner la parole à la salle (il faut alors prévoir des assistants qui tendront et

reprendront le micro) ou pour des intervenants debout qui préfèreront ce type de micro (qui occupe une main et peut servir à donner une contenance)

- des micro-casques

Il ne faut évidemment pas oublier de disposer des piles adéquates.

L'enregistrement

Certaines manifestations sont enregistrées en audio et/ou en vidéo.

L'enregistrement audio permet de rédiger des actes (c'est-à-dire la version écrite des exposés) et est particulièrement utile si un intervenant s'écarte de son texte d'origine ou ne l'a pas transmis. Il permet aussi de restituer les échanges avec le public, pour autant que celui-ci ait bien utilisé le micro prévu à cet effet.

Un enregistrement vidéo est plus difficile à réaliser dans la mesure où il nécessite aussi un éclairage de qualité et qu'une restitution vidéo demande un important travail de montage (intégration des présentations dans les images, plans de coupe, titrage des séquences, sous-titres) avant d'aboutir à une séquence susceptible d'être visionnée jusqu'au bout.

Des vidéos peuvent être proposées sur des sites de partage de vidéo tels que YouTube, DailyMotion ou Viméo.

La projection

Lors des séances de type plénière, un écran est généralement utilisé. Il marque la journée avec des dias (*slides*) rappelant le titre de la manifestation. Par la suite s'y afficheront le programme et les présentations des différents intervenants dans le cas où celles-ci sont admises.

Il faut être attentif à la luminosité du projecteur *data* (le *beamer*) de manière à ce que l'image puisse être vue confortablement depuis tous les rangs.

L'éclairage

Si la journée comprend des projections de dias, de vidéos, la salle doit pouvoir être occultée ou l'éclairage doit pouvoir être diminué de manière à ce que les participants installés aux rangs les plus éloignés puissent visualiser l'information.

Le wifi

De plus en plus, le public s'attend à ce que les lieux soient équipés d'une connexion internet wifi de manière à pouvoir se connecter durant la manifestation. Les accès (identifiant & mot de passe) figureront à l'entrée des salles ou dans le programme remis à l'entrée. L'accès au wifi permet également aux participants de twitter, ce qui pourrait offrir une bonne visibilité à l'événement.

L'accessibilité

Il faut vérifier l'accessibilité des lieux pour les personnes à mobilité réduite en effectuant tout le trajet qu'un "chaisard" peut être amené à effectuer du parking aux salles de réunion en passant par l'accès au bâtiment, aux différents niveaux, aux toilettes, aux espaces de restauration. Dans le cas où il subsisterait des problèmes d'accessibilité (par exemple en raison de la configuration d'une salle installée dans un bâtiment historique), il faut pouvoir le signaler aux candidats participants ou mettre en place des solutions appropriées (par exemple installer des rampes d'accès).

Pour les personnes malentendantes, il faut vérifier si elles peuvent disposer d'un casque qui leur permettra de recevoir le son amplifié (ce qui sera déjà plus facile s'il est prévu un système d'interprétation). Pour les personnes sourdes, une traduction en langue des signes peut être proposée.

La décoration

Pour donner du cachet à la manifestation, on veille à ce que la table des intervenants soit recouverte (nappe), que cette table ou la scène soit fleurie. L'organisateur ou la manifestation peut être mis en évidence par :

- un pupitre à ses couleurs
- un panneau
- un totem
- un drapeau
- une bannière

Les locaux de services

Outre les salles de séance plénière ou pour les conférences ou tables rondes, des salles peuvent être prévues pour :

- le secrétariat
- la reprographie
- le stockage
- les intervenants (avec accès à internet pour une dernière révision de leur speech ou slides)
- les bénévoles
- le vestiaire

Le vestiaire

Il faut prévoir un vestiaire de préférence gardé (avec un système de ticket) qui doit donc être ouvert du moment de l'accueil des intervenants jusqu'au moment de leur départ. Les vestiairistes doivent être renforcés pendant la période d'arrivée et de départ et, éventuellement, en fin de matinée ou début d'après-midi si des personnes risquent de ne passer qu'une demi-journée.

Le vestiaire ne doit pas seulement être prévu pour les vestes et manteaux. Dans le cas où les participants viennent de plus loin et sont amenés à passer plus d'une journée sur place, il faut prévoir qu'ils puissent déposer leurs bagages à l'arrivée (avant qu'ils n'aient pu prendre possession de leur chambre d'hôtel) et le dernier jour (puisqu'ils auront sans doute dû libérer leur chambre et se rendront directement vers leur moyen de transport en fin d'activité).

Les sanitaires

On ne prévoit pas nécessairement que, pour une manifestation de ce type, les sanitaires doivent être assez nombreux, approvisionnés et nettoyés régulièrement. C'est un aspect qui peut paraître un détail mais l'impression suscitée par des lieux d'aisance mal entretenus peut se révéler déplorable.

La visite

Il faut pouvoir effectuer une visite du lieu de la manifestation (s'informer au préalable de la possibilité de la réaliser sans bien sûr déranger d'autres activités) et demander à effectuer tous les trajets que seront amenés à faire les participants, voir fonctionner le matériel (par exemple de projection), à essayer l'occultation de la salle,...

Le point de contact

Souvent l'organisateur aura affaire à deux interlocuteurs dans ses contacts avec la structure d'accueil. Dans un premier temps, un commercial qui écoutera les désidératas et fera offre et, ensuite, le jour de la manifestation, une personne qui sera chargée de régler tous les problèmes qui pourraient survenir.

Les espaces

Espace dédicaces

Cet espace doit permettre d'aligner des tables où sont assis les auteurs (selon les cases horaires qui leur auront été attribuées). Ils doivent porter un badge, certes, mais ils doivent être aussi présentés via une affichette dans un chevalet. Un autre chevalet doit permettre de mettre en évidence leur dernier livre). Certains auteurs disposent de leurs propres présentoirs pour mettre en valeur leur production. Lorsque des éditeurs sont présents, ils proposent à "leurs" auteurs de dédicacer dans leur stand afin de l'animer.

Il devra être demandé aux auteurs de rester derrière leur table et d'éviter de faire de la "retape" dans les couloirs ce qui peut être désagréable pour les visiteurs.

Il faut veiller à ce que les visiteurs qui voudraient faire dédicacer les ouvrages d'un auteur connu ne fassent pas obstacle à ceux qui voudraient quand même rencontrer un autre auteur, moins populaire.

Stand librairie

Un ou plusieurs stands sont dédiés à la librairie ou aux librairies (certains salons évitent ce qui pourrait paraître un monopole).

Ces libraires doivent s'engager à se procurer les livres récents des auteurs, intervenants et modérateurs (ils ne peuvent garantir proposer toute l'oeuvre de certains auteurs qui affichent plusieurs dizaines de livres au compteur). Il est parfois demandé aux auteurs de donner une évaluation des ventes potentielles compte tenu de leur bilan lors d'autres salons.

Stands éditeurs

Dans certains salons, les éditeurs de livres ou de revues occupent aussi des stands (tables) qu'ils louent.

Stands obédiences

Dans la plupart des salons, une place est réservée aux obédiences maçonniques présentes dans la région considérée. Celles-ci disposent d'une table, de chaises, y ajoutent souvent un roll up (totem), parfois un écran de PC. Il s'agit pour elles de se présenter, de répondre aux questions des visiteurs. Elles disposent parfois d'une présentation de l'obédience, de ses publications.

Les bénévoles qui assurent la permanence devraient normalement être drillés par leur obédience pour être attentifs au public (et éviter de discuter entre eux sans s'apercevoir que des visiteurs sont en attente !).

Stands commerciaux

Ces stands permettent d'alimenter les caisses de l'organisation et répondent à une demande du "marché". Outre les stands de livres anciens ou d'occasion qui restent proches de l'objet du salon, d'autres stands peuvent être présents pour proposer des objets d'art ou d'artisanat maçonnique, des gadgets,...[22]

Le budget

Le budget doit être déterminé en cernant au mieux les recettes et dépenses. Ce budget pourra être utilisé pour demander des subventions.

Au fur et à mesure de l'avancement du projet, un tableau d'entrées et sorties pourra être établi. Il pourra permettre de réajuster le tir.

Parmi les recettes :

- PAF ou participation aux frais des visiteurs
- Location d'espaces (stands)
- Sponsoring
- Publicité
- Subventions
- Pourcentage sur les ventes

Parmi les dépenses :

- Location de salle
- Frais d'invitation des intervenants (transport & séjour)
- Graphisme

---

[22] Généralement la vente de décors autres qu'anciens est évitée.

- Impression (courrier, affiches, dépliants)
- Frais postaux
- Publicité
- Site web
- Frais promotionnels (sacs, cadeaux)
- Frais techniques
- Organisation (réunions, téléphone, copies)
- Gestion (secrétariat)
- Vestiairistes & hôtesse
- Restauration

Le modèle de financement

Deux modèles de financement sont connus.

Le plus courant consiste à offrir la gratuité aux visiteurs mais à faire payer (au mètre de table) tous les occupants (libraires, éditeurs, obédiences, autres exposants,...). Cette solution peut être difficile à mettre en place pour une nouvelle manifestation : combien faire payer et peut-on garantir un retour sur investissement à ceux qui auront loué un stand, mobilisé du personnel (et qui ont dû parfois prendre en charge des déplacements, des repas, du logement).

Le plus rare (en vigueur à Bruxelles) consiste d'une part à faire payer les visiteurs (le système permet aussi d'en connaître le nombre exact) et également les exposants (sauf les obédiences qui bénéficient là d'une gratuité) sur la base de leurs ventes réelles (d'où le recours à une "caisse unique"). Les exposants prennent alors moins de risques car s'ils ne vendent pas, ils ne paient pas non plus.

Les frais de déplacement

Ordinairement ne sont pas pris en charge les frais de déplacement des "simples" auteurs en dédicaces mais seulement ceux des intervenants (conférenciers, participants à une table ronde) ou des modérateurs. Dans le cas d'une prise en charge des frais de déplacement, on peut prévoir des consignes en matière de moyen et de classe de transport en fonction de la distance ou de la durée du déplacement, de la classe de confort[23].

Les frais d'hébergement

Les frais d'hébergement ne sont généralement pris en charge que pour les intervenants et modérateurs, pour autant qu'un hébergement se

---

[23] Il arrive que, malgré les limites d'intervention communiquées, des intervenants présentent au remboursement des billets à des prix élevés car achetés en dernière minute. Il n'y a pas lieu pour l'organisation de combler cette négligence; elle ne devrait donc intervenir qu'à hauteur du défraiement prévu.

justifie et qu'il ne soit pas proposé le logement chez l'un ou l'autre bénévole.

Autre possibilité : l'organisation propose le logement dans une ou plusieurs structures hôtelières partenaires de manière à pouvoir négocier les prix et éviter que chacun se mette à la recherche d'une solution éloignée ou coûteuse et ne doive avancer les fonds.

Les assurances

Il faut vérifier que l'assurance de l'organisateur couvre bien ce type d'activité exceptionnelle, que ce soit dans ou hors de ses locaux et compte tenu du nombre estimé de visiteurs, et toutes les activités périphériques (visites de la ville, déplacements pendant l'activité).

Les offres de prix

L'examen des offres de prix n'est pas nécessairement chose aisée même si votre demande a été extrêmement précise. Pour ce qui concerne les lieux d'accueil qui disposent de lieux de réunion et de possibilités de restauration, on constatera que certains proposent des forfaits quasi complets alors que d'autres affichent un forfait plus bas mais avec de nombreux éléments en option (micros, projecteurs,...).

Dès que le choix d'un lieu est effectué et confirmé, il est correct d'en informer tous ceux qui ont fait une offre et "bloqué" leur salle.

Pour la bonne gestion de la manifestation, il est recommandé de demander des offres de prix ou d'effectuer des comparaisons en ligne et non de privilégier une solution "connue" ou "amie", que ce soit par exemple en ce qui concerne un prestataire pour la sécurité, l'impression de documents,...

Les soutiens financiers

Selon le type de manifestation ou la nature de l'organisateur, des soutiens peuvent être demandés à des pouvoirs publics (au niveau du territoire local, d'une région, du pays en mettant l'accent sur le caractère culturel de la manifestation ou sur la valorisation du patrimoine si la manifestation est l'occasion de découvrir un lieu chargé d'histoire) ou à des sponsors.

La promotion

La promotion emprunte des canaux différents. Ceux-ci ne s'opposent pas; ils se complètent.

Les supports de promotion

Le graphisme

L'évènement doit être distingué par un graphisme qui s'appliquera à l'appellation même, à l'illustration qui l'accompagnera et à toutes les déclinaisons sur le web, sur papier (par exemple les programmes, les badges) ou autres (par exemple la mallette des participants, la pièce identifiant les bénévoles).

Certains organisateurs modifient l'affiche (en la confiant à un autre illustrateur à chaque édition tandis que d'autres conservent la même affichent ou la déclinent simplement (changement de couleur de fond par exemple).

Il faut être attentif à ce que l'affiche ne soit pas dénaturée. On a parfois vu des affiches de qualité intégrées maladroitement dans des dépliants et dénaturées. Il faut aussi se rappeler qu'une affiche pdf ne peut "sauvagement" être convertie en image jpeg ou png car les couleurs peuvent ainsi être modifiées. Ce type de conversion doit être fait par un professionnel.

L'invitation

L'invitation se décline aujourd'hui en version électronique et en version papier. Il peut s'agir dans ce cas d'un carton recto-verso, d'une lettre accompagnée d'un dépliant, d'une affiche.

Quelle que soit la formule utilisée, il faudra bien entendu indiquer :

- le titre de la manifestation
- la date
- le lieu (éventuellement avec le plan d'accès)
- son logo (éventuellement un visuel)
- le nom de l'organisateur
- les intentions de l'organisateur
- la PAF (ou la gratuité, celle-ci devant être mentionnée pour éviter tout doute)
- le programme (ou un lien vers une page de programme)
- les partenaires et soutiens (logos)
- les coordonnées de contact

Cette invitation peut ainsi être envoyée aux loges de la région par courrier postal (ou déposés) ou électronique (ou via l'intranet de l'obédience).

Le web
Toute manifestation s'annonce aujourd'hui sur le web. L'information doit être présente sur le site de l'organisateur (soit en totalité soit via un bouton-annonce renvoyé vers un site dédié) ou

sur un site évènementiel[24] mis en place pour l'occasion.

Les pages contiennent :

- une présentation de la manifestation: objectifs, motivation de l'organisateur, particularités de la manifestation
- le programme
- des informations sur les intervenants : prénom et nom, titre, présentation de l'intervenant (avec bibliographie ou autres références), site web ou comptes sociaux, photo[25]
- les modalités de participation

---

[24] Pour faire simple et efficace ou éviter d'être sous la tutelle d'un webmestre, des salons utilisent des formules gratuites comme Wix (fr.wix.com) faciles à prendre en main.

[25] Ces intervenants doivent être conscients que leur présence à une telle manifestation sera repérée par les moteurs de recherche. Il est très désagréable pour les organisateurs d'être confrontés par la suite à des demandes d'intervenants qui veulent honteusement faire disparaître la trace de leur passage dans une telle manifestation (surtout s'ils ont fait des pieds et des mains pour y figurer !).

- le formulaire d'inscription (candidature) pour les auteurs qui souhaiteraient dédicacer leur(s) ouvrage(s)
- le formulaire d'inscription pour les entreprises qui souhaiteraient occuper un stand
- les mentions (logos) des partenaires

Pour ce site web, on créera un nom de domaine (ou un sous-domaine du site de l'organisateur) et une ou plusieurs adresses e-mail.

C'est le site web qui doit être considéré comme le principal vecteur d'information. C'est vers lui que renverront les différents messages. Tout changement de programme (ajout, suppression ou modification des sujets, des auteurs, intervenants, modérateurs) doivent donc y apparaître dans les délais les plus brefs.

Pour que ce site soit bien référencé, il faut bien sûr y intégrer un contenu pertinent et demander de créer un maximum de liens en sa direction.

Le courrier électronique

L'invitation peut être envoyée par e-mail à des contacts (établis dans le respect des lois sur la protection de la vie privée) en veillant à la discrétion (leur adresse est-elle bien "couverte" ?) notamment en évitant les copies d'adresses "en clair" et au respect des lois sur la vie privée.

L'invitation doit être intégrée dans le corps du texte. Une pièce annexe (par exemple un programme en pdf) peut être jointe. Cette pièce ne doit pas peser lourd.

Les premières informations utiles (titre de la manifestation, organisateur, lieu et date, éléments forts,...) doivent figurer dans le message qui comprendra également des liens vers la page ou le site dédié à l'activité et, particulièrement.

La lettre d'information

Si l'organisateur utilise une lettre d'information[26], il peut l'utiliser une première fois pour signaler la manifestation et demander aux destinataires de réserver la date. Une autre lettre d'information peut être tout spécialement consacrée à la manifestation. Une troisième peut effectuer un rappel peu avant la manifestation. Une dernière peut être consacrée à un bilan.

Les agendas

Certaines manifestations peuvent être mentionnées dans des agendas papier ou en ligne (certains agendas sont gérés par des sites en lien

---

[26] Une solution bien connue : Mailchimp (www.malchimp.com).

avec des organes de presse qui reprennent certaines informations dans le média papier).

L'inscription de l'activité peut être assez fastidieuse (par exemple il faut souvent prévoir un descriptif court, un descriptif long, faire "monter" des images dans les limites de format autorisées) mais cela peut être rentable. Il faut bien conserver l'identifiant et le mot de passe pour aller compléter ou modifier les informations en ligne.

Les réseaux sociaux

Les réseaux sociaux permettent d'assurer la promotion d'une manifestation en créant une page "Evènement" et en l'alimentant régulièrement d'informations sur les préparatifs de la manifestation. Pour des raisons de discrétion, certains visiteurs ne marqueront pas leur intérêt; d'autres le feront "par sympathie" alors qu'ils ne comptent pas être présents. Les chiffres de participants qui apparaissent donc sous les pages Evènement sont donc très relatifs.

On recourra surtout à Facebook, Twitter et Instagram. Ces deux réseaux sociaux peuvent également être utilisés pendant la manifestation.

Pour Twitter et Instagram, on choisira un *hashtag* c'est-à-dire un terme clé précédé du dièze. Ce #hashtag sera affiché à l'entrée des salles de réunion et mentionné dans les documents remis aux participants. Lorsque ce hashtag est utilisé, il pourra être repéré de manière à ce que tous les messages (*tweets*) relatifs à la manifestation soient visibles.

Pour être lus, aimés et partagés, les messages (*posts*) doivent être visuels. Ils doivent donc attirer l'attention sur des auteurs, les thèmes de conférence ou table ronde,... Il faut donc concevoir des illustrations spécifiquement pour les réseaux sociaux (par exemple en utilisant l'outil gratuit en ligne Adobe Spark[27]) et non se contenter de "découper" des éléments de programme, surtout s'ils n'ont pas été mis à jour.

Avec Facebook, il est possible de faire pour un coût très modique, de la publicité permettant d'atteindre des personnes intéressées par un thème (ici la franc-maçonnerie) en ciblant une zone géographique, une catégorie d'âge, un sexe, une langue... C'est une manière de toucher des publics qui ne parcourent ni les médias maçonniques ni les médias classiques.

Certains organisateurs choisissent d'afficher les tweets ce qui peut créer une animation durant la

---

[27] spark.adobe.com

manifestation… pour autant que des twittos soient réellement actifs !

L'organisation (certains le prévoient dans une convention) doit appeler les auteurs, éditeurs et autres exposants à être particulièrement actifs sur les réseaux sociaux. Il est fini le temps où l'on pouvait se contenter de s'installer et d'attendre passivement le chaland. Que cela plaise ou non, il faut annoncer sa présence, témoigner durant le temps de la manifestation, pratiquer l'art du selfie (avec des visiteurs, d'autres auteurs), jouer les instagramers… même si le public visé compte davantage d'utilisateurs de Facebook que d'un réseau "jeune" comme Instagram !

La presse

Dans le cas de tels salons, on peut s'adresser à une presse d'information générale (locale, régionale, nationale) ou à une presse spécialisée. Celle-ci comprend les revues maçonniques "commerciales", celles publiées par les obédiences maçonniques ou, encore, les sites, blogs et groupes sociaux dits maçonniques. Ceux-ci peuvent annoncer l'évènement en plusieurs phases (publication de l'affiche et annonce de la date, interview d'un organisateur, détail du programme) et revenir ensuite dessus avec la publication d'un bilan.

Les conférences de presse sont de moins en moins courues (sauf évènements exceptionnels) sauf si elles fournissent une information autre que celle présente dans le dossier de presse ou qu'elle permet un échange à valeur ajoutée. Peuvent donc fonctionner une conférence de presse avec un auteur renommé dont l'interview permettra d'annoncer l'évènement ou une rencontre avec la presse qui s'accompagne d'une visite commentée de locaux maçonniques, par exemple avec un historien de la maçonnerie.

Dans bien des cas on pourra s'abstenir d'organiser une conférence de presse en fournissant à la presse toutes les informations préalables utiles ou en lui permettant d'y accéder, par exemple en se rendant sur un site web (avec accès réservé ou non) où sont disponibles le communiqué et le dossier de presse, des informations sur l'organisateur, des illustrations...

Pour la manifestation elle-même, si le public est nombreux, on peut prévoir un accès séparé pour la presse (par exemple un comptoir d'accueil avec les intervenants ou spécifique), la remise d'un dossier de presse et veiller à ce qu'une personne soit attentif à ce que le journaliste puisse obtenir tous les contacts souhaités (par exemple en l'introduisant auprès d'intervenants).

Pour d'importantes manifestations, une salle de presse peut être installée. Le journaliste doit pouvoir y travailler (accès Internet) et disposer d'un espace pour s'entretenir avec un organisateur, un intervenant...

Une attention particulière peut être accordée aux webradios qui peuvent annoncer l'évènement ou même le couvrir en émettant à partir du lieu de la manifestation.

La revue de presse

La revue de presse s'effectue avant, pendant et après la manifestation. Pour ce qui concerne la presse papier (également celle en ligne), on peut faire appel à un service de *clipping* qui récoltera les articles relatifs à l'activité.

Il faut être attentif aux articles qui paraissent sur le web, qu'il s'agisse d'articles de presse ou d'articles d'observateurs actifs dans le domaine concerné. Pour en être informé, on peut très bien souscrire à des systèmes d'alerte (gratuits ou avec options payantes) de Google, Mention.net ou autres.

On distinguera les articles qui sont de simples reproductions des informations fournies des articles à valeur ajoutée (intégrant par exemple des interventions ou les commentant).

Le secrétariat

Le secrétariat centralise les informations qui permettront d'organiser le programme, d'informer le public, les auteurs, intervenants et exposants, de recueillir les inscriptions, de gérer la promotion, les bénévoles, veille à établir des badges, à fournir des enveloppes (avec instructions, tickets de repas),...

C'est via une et une seule adresse e-mail que communique ce secrétariat.

Les hôtesses ou stewards

Le personnel de type hôtesse ou steward sera sollicité par exemple pour :

- l'accueil des participants et intervenants
- la remise de mallettes ou enveloppes aux intervenants
- la remise de badges aux auteurs, intervenants, modérateurs, bénévoles, exposants, journalistes
- le remplacement des chevalets lors des changements d'intervenants (conférences ou tables rondes)
- le remplacement des verres et bouteilles aux changements d'intervenants
- le guidage des intervenants vers les salles de travail, de restauration, les toilettes,...

- l'information aux visiteurs

Contrairement à des manifestations classiques, il ne s'agit pas de personnel engagé pour l'occasion mais plutôt de bénévoles. S'ils sont nombreux, on désignera un coordinateur qui dirigera ces volontaires et planifiera leurs tâches. Il est d'usage de fournir l'un ou l'autre avantage à ces volontaires.

Si le personnel de l'organisateur n'a pas l'habitude d'être actif dans ce type de manifestation, il faudra rappeler qu'il faut respecter certaines règles comme ne pas critiquer la manifestation ou l'organisation de la journée devant des tiers !

Ces bénévoles peuvent être identifiés via le port d'un badge ou, par exemple, d'une casquette, d'un brassard, d'un t-shirt ou d'un gilet réfléchissant[28] avec le logo de la manifestation.

Pendant la manifestation, les différents préposés à certains postes doivent aussi pouvoir être joints via leur téléphone portable (sur vibreur).

Pour que la communication puisse être plus aisée, on peut prévoir des radios avec un canal général pour l'ensemble des bénévoles et un canal

---

[28] Cet accessoire laissé au bénévole par la suite lui sera toujours utile !

particulier pour les organisateurs-mêmes. Ceci permet d'attirer l'attention sur un problème, d'éviter des allées et venues.

L'inscription

Si la manifestation n'est pas gratuite, l'inscription se fait soit sur place, soit en ligne (mais les outils de *ticketing* entraînent des frais pour des évènements payants) soit via des dépôts (par exemple, aux bars des temples de la région). Dans ce dernier cas, si la vente préalable n'entraîne pas une réduction, il est fort peu probable qu'elle fonctionne..

Le transport du matériel

Il faut prévoir suffisamment tôt le transport du matériel technique (ordinateur, projecteur data), du petit matériel (par exemple les mallettes des participants) et le matériel administratif (listes d'inscrits, badges...).

La signalétique

On signalera le lieu de la manifestation (à l'extérieur avec un *beach flag*), le comptoir d'accueil et on flèchera le parcours que devra emprunter le public.

Il faut pouvoir signifier au participant qu'il est bien arrivé sur le lieu du colloque. Selon le type de lieu, le colloque peut être signalé par des affiches, des bannières, un totem.

Lorsque l'activité est organisée dans un lieu qui accueille plusieurs évènements, il faut utiliser les panneaux d'affichage qui indiquent les différentes réunions en cours de journée, orienter le participant (fléchage) vers le lieu d'accueil et marquer celui-ci (totem, roll-up).

Le programme général doit être affiché à l'accueil, à proximité des diverses salles. Chaque salle sera identifiée (nom ou numéro de la salle). Elle devrait aussi afficher le programme des activités qui s'y tiendront.

Les stands

Des espaces de type stand peuvent être prévus et destinés à l'organisateur, aux organismes dont viennent les intervenants ou aux partenaires. Il leur sera précisé :

- le mobilier disponible
- la surface et la hauteur utilisables
- les possibilités de branchements électriques, informatiques, Internet
- l'éclairage
- la possibilité ou non d'apporter son propre stand

- les possibilités d'accès pour le montage ou le démontage du stand.

Le code vestimentaire

Ce type de manifestation ne nécessite pas de *dress code* (code vestimentaire) puisqu'il ne s'agit ni d'une manifestation professionnelle ni d'une tenue maçonnique. Les seuls moments où une attention particulière pourrait être portée à la vêture seraient l'accueil d'autorités ou un dîner de gala.

Les interventions

La durée

La durée d'intervention est fixée par l'organisateur. Elle peut varier selon qu'il s'agit d'une conférence magistrale ou d'une intervention liminaire dans une table ronde. Il faut cependant être attentif à ne pas réduire trop le temps d'intervention pour multiplier les intervenants ou sous prétexte de donner davantage la parole au public car fixer un temps trop court peut :

- refroidir un intervenant qui n'estimera pas utile de se déplacer pour quelques minutes de prise de parole

- l'amener à dire ce qu'il a à dire dans le laps de temps imparti et donc de fournir un maximum d'informations en un minimum de temps.

Les supports de présentation

Lors de ces manifestations autour du livre maçonnique, on privilégie généralement la parole et on s'abstient donc d'utiliser des supports de présentation. Certaines manifestations sont délibérément "No PPT" (PowerPoint interdit).

Cependant, certains sujets "imaginés" nécessitent l'usage de tels supports. Il peut par exemple s'agir d'exposés sur les tableaux de loge, les cartoons maçonniques, la présence maçonnique ou antimaçonnique sur Internet.

Le diaporama

Bon nombre de présentations s'appuient sur une utilisation du logiciel de présentation MS PowerPoint. Le problème est que son utilisation est souvent peu efficace avec :

- des dias avec des listes à puces (*bullets*) et textes que l'intervenant se contente de lire
- des effets de transition ou d'apparition de textes et images inutiles
- des schémas ou tableaux peu lisibles.

Dans le cas qui nous occupe ne devraient être autorisés que des présentations "imagées" (pleines pages), avec des textes réduits (légendes).

Il faut insister fortement pour que les présentations soient transmises au plus tard la veille de la manifestation de manière à ce qu'elles puissent être ouvertes (pour s'assurer de la compatibilité) et vérifiées d'une part et, d'autre part, éviter de prendre du temps avec un intervenant procédant à l'installation de son programme en cours de manifestation. Pour ce qui concerne la compatibilité, il faut préciser les formats admis (par exemple pptx ou ppt) et s'assurer être en mesure de lire un format « libre » (sxi and sti d'OpenOffice). Par sécurité, on disposera d'une copie sous format pdf.

On a connu des intervenants qui fournissaient des vignettes de petite taille "piquées" sur Internet et s'étonnaient de leur peu de lisibilité. Ou d'autres qui avaient chargé un lot d'images dans une clé USB et s'étonnaient qu'elles ne défilent pas dans le bon ordre.

La télécommande du vidéoprojecteur doit être facile d'usage. Si la transition d'une image à l'autre doit être effectuée par un technicien, celui-ci doit avoir une conduite qui lui indique clairement à quel moment il doit passer à la dia suivante.

La vidéo

Une vidéo (vues réelles, animation) peut aider à lancer une intervention, un échange. Il faut cependant s'assurer de :

- la qualité de l'image, particulièrement s'il s'agit de l'utilisation d'une vidéo proposée sur un site de partage (il faut privilégier la HD)
- la qualité de la connexion
- la lecture du format utilisé

On connaît des présentations de vidéo qui n'ont pu se faire parce que la vidéo avait été intégrée dans une présentation PPT et ne pouvait être lancée.

Dans certains cas, la vidéo fait intervenir des locuteurs ou commentateurs dans une autre langue que celle des participants à la manifestation. Il faut donc pouvoir annoncer ce qu'ils verront et fournir ensuite quelques explications pour ceux qui ne maitriseraient pas la langue de la vidéo.

Les transports

L'information devra comprendre des indications sur l'accès au site de la manifestation notamment par chemin de fer, route ou transports en commun. Les participants doivent être informés quant aux possibilités de parking sur le lieu de la manifestation ou dans les environs (le site web de l'activité peut mentionner la localisation et la tarification).

La capacité en parking doit être vérifiée. Il faut prévoir des possibilités de stationnement pour les véhicules de service (transport de matériel) et au moins d'arrêt pour les véhicules amenant les intervenants.

Certains intervenant ou auteurs voudraient que l'organisation se charge de leur déplacement entre la gare et le lieu de la manifestation... même s'ils ne sont éloignés que de quelques stations de transport en commun. L'organisation de navettes tenant compte du nombre important d'auteurs et intervenants dans ces manifestations maçonniques, de la gestion des horaires d'arrivée (pour autant que l'information ait été communiquée) et de la disponibilité de bénévoles motorisés rend l'exercice très difficile, sinon perturbateur.

L'hébergement

Dans le cas où l'activité se déroule sur plusieurs journées, il faut envisager l'hébergement des intervenants, par exemple en hôtel mais d'autres formules sont possibles comme l'hébergement chez les organisateurs (pour des manifestations plus associatives), en chambres d'hôtes.

L'hôtel doit se situer soit à proximité immédiate du lieu de conférence soit dans une zone plus touristique de manière à permettre à la personne de découvrir la ville pendant son temps libre. Si le lieu d'hébergement est éloigné du lieu de colloque, il faudra donc fournir les informations nécessaires pour faciliter le déplacement, soit l'assurer (autocar, camionnettes) pour tout ou partie des intervenants.

Il faut être attentif aux besoins particuliers de certains participants ou intervenants (personnes avec un handicap, VIP).

Des visiteurs peuvent être demandeurs d'un hébergement. Soit l'organisateur propose via son site la possibilité de réserver son hébergement (il aura négocié des prix avec un hôtel en fonction d'un nombre minimum de nuitées) soit il les oriente vers une sélection d'hôtels de différents niveaux de confort et de prix.

PENDANT LE SALON

L'accueil

La table d'accueil

Les intervenants, modérateurs, auteurs, bénévoles, membres de la presse devront être accueillis à une table ou à un comptoir établi à cet effet, par du personnel d'accueil susceptible également de répondre à toute question ou réagir à tout problème qui pourrait survenir. C'est là qu'on leur remet leur badge - éventuellement le bracelet - et toutes les informations utiles en fonction de leur rôle.

Pour les manifestations plus importantes, on distingue l'accueil des personnes citées plus haut de l'accueil des visiteurs. Ces derniers reçoivent un programme (et un bracelet si l'évènement est payant).

L'accueil devra disposer :

- des badges des différents types de participants
- de badges vierges
- des listes des participants
- de la documentation à remettre aux participants et visiteurs...

et de petit matériel :

- d'une agrafeuse
- de feuilles vierges
- de feutres (marqueurs)
- de papier adhésif
- de ciseaux

Le badge

Les badges permettent tant à l'organisation qu'aux visiteurs d'identifier les intervenants, auteurs, modérateurs puisqu'ils mentionnent leurs prénom et nom. Pour l'organisation, les bénévoles, ces badges peuvent être anonymes.

Ils seront préparés à l'avance sur la base des fichiers de l'organisation. Ils seront mis en forme de manière à ce que la mention du prénom, du nom, du titre soit similaire (taille et couleur de police, utilisation des majuscules ou non).

Il existe plusieurs formes de badges :

- autocollants (mais certains n'aiment pas coller une étiquette sur leur vêtement)
- à épingle (d'autres ne veulent pas trouer leur vêtement)
- à pince croco (avec également un risque d'abîmer le vêtement)!
- à suspendre

Ce dernier badge peut être suspendu à un lacet aux couleurs de la manifestation. Celui-ci peut être réutilisable; il est maintenant d'usage d'installer à la sortie un panier permettant de recueillir badges et lacets.

Des badges vierges doivent être prévus pour les inscriptions de dernière minute ou erreurs de secrétariat.

Certains badges à suspendre offrent la possibilité d'insérer un petit programme de l'événement (A6 plié en accordéon par exemple) dans la pochette transparente.

Les badges devront être rangés par ordre alphabétique, de préférence dans des boîtes (ce qui occupe moins de place que de les disposer sur une table).

Les badges peuvent comporter un code couleur. Ce code peut correspondre à un accès particulier (salle ou partie du restaurant réservée aux intervenants, restaurant.

Le bracelet

Ceux qui ont l'habitude de fréquenter des festivals savent qu'ils porteront pendant toute la durée un bracelet (en papier résistant Tyvek, vinyle, silicone, tissu, certains pouvant être équipés de la technologie RFID) qu'on ne peut d'ailleurs enlever sans l'abimer (et donc le rendre inutilisable). Le bracelet a remplacé le tampon (cachet) d'antan.

Peut-on utiliser ces "bracelets évènementiels" (personnalisables) dans un colloque ? Si l'activité est payante, c'est une manière simple de contrôler l'accès, notamment de permettre à un visiteur d'en sortir et de revenir. On peut aussi l'utiliser pour contrôler l'accès à des réunions (un évènement dans l'évènement ou zones (VIP) particulières ou, par exemple, aux repas (avec des formules différentes selon le prix payé ou l'accès à une salle de repas réservée pour les intervenants et organisateurs).

Les informations

Le participant se voit remettre des informations dès son arrivée. Il s'agit de la présentation de la manifestation et de son programme.

Le programme peut aller du simple feuillet horaire à la brochure avec mot introductif, l'énoncé des objectifs, la grille horaire avec la présentation détaillée de chaque thème et intervenant, la publicité des sponsors, le relevé des partenaires, des renseignements utiles (par exemple sur la ville qui accueille manifestation).

Dans la mesure où le programme même peut connaître des modifications jusqu'en toute dernière minute, il doit être imprimé dans les derniers jours précédant la manifestation de manière à tenir compte du maximum de changements. Il renverra de toute façon vers le site qui, lui, est moins figé.

Le dossier peut aussi comprendre un plan si la manifestation utilise plusieurs salles.

L'animation-modération

L'animateur

Une ou plusieurs personnes peuvent être chargées d'animer la manifestation c'est-à-dire qu'elles permettront de passer d'une séquence à l'autre, en introduisant les interventions (le thème, les intervenants) et en veillant à ce que chaque séquence s'inscrive dans la période horaire qui lui est impartie. On parle parfois de présentateurs ou, de manière plus protocolaire, de président de séance.

Cette personne sera chargée d'introduire les intervenants (voire la manifestation), de fournir des indications sur le programme de la journée, sur les horaires, de veiller au respect des horaires (il est aussi le "maître du temps"). Il peut être amené à coordonner des débats ou les échanges avec le public. Sauf si la clôture est effectuée par une autre personne, il lui appartiendra de remercier les intervenants, les participants, les interprètes, l'équipe d'organisation.

Dans bon nombre de manifestations maçonniques, il n'existe pas de temps de travail en séance plénière mais plutôt une succession de moments dans des salles

Le modérateur

On désignera plus souvent par le terme de modérateur la personne chargée de l'animation et de la police d'une table ronde, d'une séquence composée d'une succession d'interventions et d'échanges avec le public.

Le modérateur doit pouvoir donner la parole. Il doit aussi la reprendre ou recadrer l'intervenant s'il dépasse une durée normale d'intervention ou sort du thème.

Un animateur ou un modérateur n'est pas nécessairement un expert dans le domaine concerné. Il peut s'agir d'un Candide. Par contre, il doit être capable de donner et prendre la parole, de relancer une discussion, d'amener un intervenant à abandonner la langue de bois, d'être ferme lorsqu'un membre du public veut asséner à son tour une conférence plutôt que de poser une question ou de formuler une remarque comme proposé.

Vu les qualités demandées, il sera souvent fait appel à un journaliste. Certains acceptent en effet de "faire des ménages" selon l'expression consacrée.

Faut-il qu'il s'agisse d'un maçon ? C'est souvent le cas et, normalement, un maçon sait faire circuler la parole ! Mais recourir à un animateur profane peut parfois être intéressant, notamment parce qu'il peut faire siennes les préoccupations d'un public profane.

Les interventions

Devant chaque intervenant doit être posé un chevalet portant son prénom (ou l'initiale du prénom) et son nom de famille (par exemple en majuscules pour plus de lisibilité), éventuellement sa qualité (ou le titre de l'ouvrage qui justifie sa présence).

L'intervenant doit avoir, disposés devant lui, un verre et de l'eau (plate et pétillante) ainsi que de quoi prendre note (bloc-note, stylo-bille).

L'intervenant doit pouvoir commander aisément sa présentation, par exemple avec une télécommande. Il doit aussi disposer d'un écran de contrôle de manière à ne pas devoir se retourner (et tourner le dos à la salle) pour vérifier ce qui est affiché.

Il faut pouvoir limiter les interventions de manière à éviter toute lassitude du public et certainement combattre les dépassements horaires qui pénalisent les interventions suivantes, réduisent le temps réservé au public et entraînent des problèmes d'organisation (repas, transport).

L'interprétation

Si l'évènement utilise plusieurs langues (ce peut être le cas d'une manifestation scientifique), il faut prévoir l'interprétation. Il faut donc impérativement que :

- la salle soit sonorisée
- une ou plusieurs cabines de traduction soient en fonction (dans certains cas, il faudra faire monter ces cabines)
- des casques de traduction soient fournis (et récupérés à l'issue de la réunion)
- des interprètes soient présents tenant compte d'une part de la durée limitée de leur prestation (on ne peut interpréter en continu pendant toute une journée) et des couples de langue

Les cabines doivent être disposées de telle manière que les interprètes peuvent voir les éléments projetés sur écran (ou disposent d'un écran de contrôle).

Il est recommandé d'obtenir au préalable les textes des interventions de manière à ce que les interprètes puissent se préparer (il faut pouvoir appréhender le jargon propre à la discipline ou les sigles qui seront utilisés).

Il faut indiquer aux intervenants que, puisqu'ils seront traduits, ils doivent parler de manière mesurée et dans le micro. En cours de manifestation, si un intervenant s'emballe, le modérateur devra le rappeler à l'ordre.

Les interprètes doivent être nourris et leur frais de transport assurés. Idem pour le logement si la manifestation s'étend sur plusieurs jours et qu'ils ne séjournent pas à proximité.

La restauration

Accueil

Si l'accueil a lieu en matinée, il est d'usage de proposer café, éventuellement viennoiseries, aux arrivants tels qu'intervenants, modérateurs, auteurs ainsi qu'aux bénévoles, après qu'ils soient passés par le comptoir d'accueil.

Les pause-cafés

En fonction du temps de réunion et des horaires, on proposera des pauses cafés le matin et l'après-midi. Il faudra veiller à ce qu'elles restent dans le temps imparti. Il existe aussi des formules de pause-café permanente.

La restauration

Proposer une restauration sur place est toujours préférable (à moins que certains ne soient conviés dans une salle à proximité) car un participant qui sort du lieu de la manifestation est un participant que l'on risque de "perdre".

Il arrive également que les intervenants soient invités à un déjeuner particulier (avec le risque qu'un repas plus prestigieux et plus long les amène à se profiler en retard l'après-midi).

Dans certains lieux, la restauration est confiée à un gestionnaire qui en a l'exclusivité. Il n'est donc pas possible de proposer des alternatives. Il faut veiller à ce qu'il soit bien actif le jour de la manifestation (qui tombe hors des jours ordinaires d'activité pour les lieux maçonniques) et soit rassuré quant aux retombées. On peut habituellement lui garantir des rentrées si l'on considère que des participants reçoivent des tickets permettant d'obtenir des boissons ou repas.

Dans le cas où l'organisation peut elle-même assurer ces repas, on revient souvent à une formule de sandwiches plus facile à gérer.

Lors de certaines manifestations qui s'étalent sur au moins deux jours, un dîner "de gala" est organisé. C'est un évènement un peu plus prestigieux, dans un cadre qui l'est parfois tout autant, et qui permet aussi de récolter des fonds (la réservation étant obligatoire). Si ce repas revêt un caractère plus protocolaire (par exemple avec la présence d'autorités publiques), il faut prévoir une table d'honneur avec un plan de table.

La clôture

En clôture de manifestation, on peut proposer un "verre de l'amitié" ou un cocktail de clôture. Pour les quantités, il faut tenir compte qu'un certain nombre de participants ne pourront pas rester soit pour des raisons de transport soit parce que la journée a déjà été longue.

Certaines manifestations s'achèvent sur un cocktail. Le traiteur prévoit plusieurs formules pour les boissons, les canapés (froids ou chauds)

Le dessin en direct

Un dessinateur peut être engagé pour illustrer en direct la manifestation. Il s'agit en fait de balancer des dessins - par exemple réalisés avec une tablette graphique - pendant les interventions. Le dessinateur peut illustrer le propos ou la présentation de l'intervenant ou, éventuellement, prendre à la dérision son intervention ou son attitude, donner ce qu'il pense être le sentiment de l'assistance. Ces illustrations sont généralement projetées pendant les interventions. Il est pour cela fait appel à des dessinateurs capables de travailler vite et en direct.

La formule comprend des risques (si l'intervenant n'a pas d'humour, si le dessinateur ne maîtrise pas la matière et tombe "à côté", si le dessin distrait trop l'attention du public). Elle permet d'alléger un colloque, parfois de rappeler à l'ordre un intervenant.

Dans le cas d'une manifestation maçonnique où la formule de plénière avec écran est peu utilisée, cette possibilité a moins de sens sauf si ces dessins sont utilisés à travers les réseaux sociaux.

Pour autant que l'accord avec le dessinateur prévoit cette diffusion et ses modalités, ces dessins peuvent éventuellement être réutilisés dans un document produit après le colloque. Ils doivent alors souvent être retravaillés pour être davantage "finis".

Les photos

Les portraits

Le programme tout au moins en ligne devrait intégrer les photos des intervenants et modérateurs ainsi que des auteurs. Il faut donc leur demander de fournir une photo (de bonne qualité soit minimum 300 dpi si elle est destinée à figurer dans un document papier, 72 dpi pour le web). Si cette photo est "lourde", elle devra être envoyée via un système tel que WeTransfer ou YouSendIt.

Même à l'heure où les smartphones munis de capteurs photo de qualité se sont popularisés, il reste étonnant de constater combien certains intervenants sont incapables de fournir une telle photo. L'organisation sera souvent obligée de recadrer et traiter ces photos pour les améliorer et afficher une présentation homogène.

La couverture photo

Habituellement, on fait assurer une couverture photo de la manifestation. Ces photos peuvent être destinées à :

- illustrer des articles ou alimenter une galerie de photos sur le site de la manifestation ou sur la page sociale de l'évènement
- illustrer les actes de la manifestation
- aux intervenants eux-mêmes.

Il faut avoir l'accord des intervenants avant l'utilisation (papier ou en ligne de ces photos) puisqu'ils ont un droit à l'image. Il faut encore davantage être attentif à la présence de visiteurs qui ne souhaitent pas nécessairement que leur image soit associée à une manifestation maçonnique.

Pour travailler en temps réel, on peut aussi prendre des photos via des smartphones et l'application Instagram ou les joindre à des "posts" sur Facebook ou Twitter (Twitpic).

La vidéo

Une captation de la manifestation en vidéo peut être réalisée. Les motivations peuvent être diverses :

- constituer des archives

- produire un reportage qui pourra être diffusé sur le site web de l'organisateur et dans les pages sociales de la manifestation

- produire des vidéos qui permettront d'accéder intégralement aux présentations effectuées lors de l'évènement

Entre la production d'une matière brute et la réalisation d'émissions (avec montage, intégration d'illustrations sonores...), il y a une forte différence en ce qui concerne l'équipe et le temps de travail et le budget.

Une autre possibilité consiste à ne pas simplement reproduire tout ou partie de la manifestation en vidéo mais de l'enrichir avec des contenus originaux comme, par exemple, des interviews des auteurs..

Une tendance est aujourd'hui à favoriser le partage rapide sur les sites de partage de vidéo (YouTube, DailyMotion, Viméo), éventuellement leur diffusion dans d'autres pages web où ces séquences peuvent être encapsulées. Le public familier de ces plateformes admet un montage plus simple. Par contre, il n'est pas recommandé de s'installer dans la longueur (il vaut mieux plusieurs courtes séquences qu'une longue séquence).

La transmission vidéo

A priori, si vous organisez une telle manifestation, c'est parce que vous privilégiez la rencontre "en réel". Il peut parfois être utile de diffuser certains moments de la manifestation (pas tous pour conserver un "plus" à ceux qui ont fait le déplacement) en live. Cette possibilité peut aussi être utilisée avec un intervenant qui ne peut se déplacer et communique ainsi avec la salle. Par précaution, on peut avoir enregistré au préalable son intervention pour éviter les problèmes.

Cette possibilité de streaming vidéo est par exemple proposée par Ustream en version gratuite (avec affichage de publicités) ou payante (avec options supplémentaires). Il suffit d'ouvrir un compte sur Ustream (www.ustream.tv) et de permettre l'accès à une caméra ou une webcam pour pouvoir diffuser en direct. La vidéo peut être enregistrée et stockée en ligne.

Aujourd'hui, les possibilités de vidéo offertes par Facebook et Twitter sont largement suffisantes pour permettre une présence "animée" sur les réseaux sociaux.

Divers

La sécurité

Une manifestation maçonnique présente aujourd'hui un caractère sensible. Il faut donc être prudent et faire assurer la sécurité par une société spécialisée - ses agents disposent de droits que n'ont pas ceux de l'organisation - qui mettra éventuellement en place un portique de sécurité ou utilisera des "palettes" pour détecter les métaux. Bien entendu, il faudra au préalable avoir réalisé un audit de sécurité, tenant compte des accès (entrées et sorties principales, de secours).

Il faut également avertir les services de police. Dans certains pays, on annonce systématiquement la présence d'autorités politiques à une manifestation.

Si du matériel doit être stocké la nuit, il faut vérifier que les lieux sont gardés ou faire appel à une société de gardiennage.

On s'assurera de la présence d'une trousse de premiers soins et, si possible, on identifiera des bénévoles avec une compétence médicale. On veillera à disposer des coordonnées des services d'urgence.

La signalétique

Si le lieu comprend des panneaux d'affichage dynamique ou d'autres écrans, le programme général et le programme par salle peuvent y être affichés.

Si ce n'est le cas, il faudra les afficher et remplacer ces affiches pour ce qui est de l'occupation des salles pour des conférences ou tables rondes.

Pour des raisons esthétiques et de respect du support, il est préférable d'utiliser des affichettes plastifiées et de les apposer grâce à de la pâte invisible repositionnable.

L'APRÈS-SALON

L'évaluation

Soit il est demandé de remplir un document papier à l'issue de la manifestation (mais certains participants ont peu de temps et la retranscription dactylographiée prend du temps pour ce faire), soit on demandera aux visiteurs de bien vouloir remplir une formulaire d'évaluation en ligne.

Il leur sera proposé de coter différents sujets par exemple en cliquant sur des boutons : Très insatisfaisant - Insatisfaisant - Avis neutre - Satisfaisant - Très satisfaisant - Ne s'applique pas à moi.

Parmi ces sujets : le choix du lieu, l'accueil des visiteurs, les différentes interventions et présentations, la restauration.

On leur demandera si la manifestation a répondu à leurs attentes : Pas d'accord du tout - Pas d'accord - Je ne me prononce pas - D'accord - Tout à fait d'accord.

Afin de vérifier l'efficacité des canaux de communication, on peut leur demander comment ils ont été informés de la tenue de l'activité :

- article dans un média papier

- article dans un média en ligne (lequel ?)
- e-mail
- lettre d'information
- site de l'activité
- réseaux sociaux
- autres

On peut également lui proposer de suggérer des améliorations.

L'évaluation est souvent numérique et les chiffres fournis ne sont pas nécessairement réalistes sauf s'ils sont basés par exemple sur la distribution de bracelets ou de coupons fournis systématiquement à l'entrée (offrant par exemple la possibilité de participer à une tombola).

Le compte rendu

La rédaction d'actes entraîne l'obligation d'enregistrer les interventions (en particulier si les intervenants n'ont pas transmis le texte de leur intervention) et échanges, de les retranscrire puis de les reformater pour publication (après validation par les intervenants). Il faut bien entendu tenir compte des droits des auteurs et demander les autorisations de reproduction et diffusion.

Certains préféreront publier (en ligne, dans leur publication papier) un compte rendu de manière plus journalistique.

Pour éviter des frais d'impression et d'expédition, le document qui en sortira pourra être proposé sur des sites de partage comme Calameo ou Issuu, avec la possibilité de feuilleter le document en ligne ou de le partager sur les réseaux sociaux.

Un document d'importance peut être proposé en version numérique (au format epub).

Les remerciements

Il est d'usage de remercier les participants de leur venue (d'où l'intérêt d'en avoir la confirmation à l'entrée) et les inviter par exemple à prendre connaissance des présentations ou comptes rendus en ligne, à visiter la galerie de photos ou les inciter à s'abonner à la lettre d'information.

Le remerciement aux intervenants sera particulièrement soigné. Un cadeau pourrait leur être remis.

Le débriefing

Cette réunion d'évaluation permet d'effectuer le bilan de la manifestation, de vérifier qu'elle a atteint ses objectifs et, plus particulièrement, d'effectuer le relevé des problèmes rencontrés et les dysfonctionnements afin d'éviter qu'ils ne se répètent si la manifestation est reproduite. Tous les éléments évoqués dans la préparation de la manifestation doivent donc être examinés à la lumière de l'expérience.

Il est important que ce débriefing ne s'appuie pas uniquement sur le sommet de l'organisation mais aussi sur ceux qui sont intervenus à un titre ou à un autre comme le personnel d'accueil, les techniciens,...

EN CONCLUSION

Comme on l'aura vu, l'exercice n'est pas nécessairement évident et il est rare qu'une manifestation de ce type ne rencontre pas l'un ou l'autre problème. D'où l'importance de l'évaluation qui permettra peut-être d'éviter ultérieurement des écueils.

Mais peut-être avez-vous pensé à d'autres points qui devraient être ici mentionnés ? N'hésitez pas à prendre contact avec l'auteur pour communiquer vos remarques.

contact@jiri-pragman.be